Libro de Alá

La lucha entre la luz y la oscuridad

Obra de teatro

Para ver la obra:
Libro de Alá

Escanea el código QR

Dr. Sultán bin Muhammad Al Qasimi

Libro de Alá

La lucha entre la luz y la oscuridad

Obra de teatro

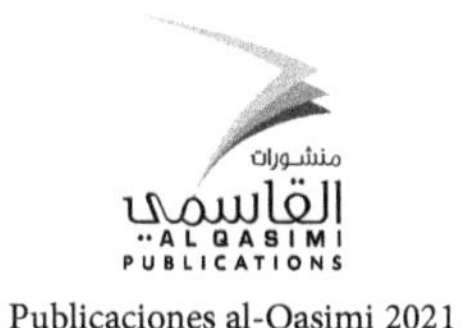

Publicaciones al-Qasimi 2021

Título del libro:
Libro de Alá La lucha entre la luz y la oscuridad (Obra de teatro)
Nombre del autor: Dr. Sultán bin Mohammed Al-Qasimi
(Emiratos Árabes Unidos)
Nombre del editor: Publicaciones al-Qasimi
Sharjah, Emiratos Árabes Unidos
Edición: Primera
Año de publicación: 2021

Traducida del árabe Por: Mohamad Nazir Homsi
Texto revisado por: Iván de la Rosa Vives

ISBN 978-9948-469-25-4
Autorización de impresión:
Consejo de medios nacionales Abu Dhabi
No. MC-03-01-9010241, fecha: 02-04-2021
"El grupo de edad que corresponde al contenido de los libros ha sido clasificado según el sistema de clasificación por edades publicado por el Consejo Nacional de medios"
El grupo de edad: E

Sharjah, Emiratos Árabes Unidos

Publicaciones Al Qasimi, Al Tarfa, Sheikh Mohammed Bin Zayed Road
PO Box 64009 Sharjah, Emiratos Árabes Unidos
Tel: 0097165090000, Fax: 0097165520070
Correo electrónico: info@aqp.ae

Índice

Reparto:

Grupo de iluminados (con ropa blanca y turbantes blancos)

Líder de la luz

Hombre / voz

Primer hombre

Segundo hombre

Tercer hombre

Grupo de científicos

Grupo de la delegación oriental

Jefe de la delegación oriental

Grupo de delegación occidental (con ropa occidental)

Jefe de la delegación occidental

Grupo de tinieblas (vestidos de negro)

El líder de la oscuridad

El grupo de mujeres

Dos hombres

Un grupo de hombres (con luces)

Lugar:

Gran salón.

Fecha:

El tiempo presente.

Primera escena

Lugar: Un salón grande y espacioso sin características específicas.

Fecha: En la actualidad.

La luz ilumina un gran salón y en el centro hay una mesa rectangular. En la parte superior de la mesa hay una copia del sagrado Corán suspendido del techo, inclinado en un ángulo de 45 grados hacia los espectadores e iluminado por una fuerte luz que emana desde todas las direcciones. También hay libros, plumas y tinta que se amontonan en las paredes de la habitación.

Hombres vestidos de blanco y con turbantes blancos en la cabeza, son guiados por el líder de la luz y comienzan a entrar uno a uno.

Uno entra por la derecha del escenario y otro desde la izquierda y cada uno ellos llevan un Corán abierto en la mano, lo lee y da las vueltas a la mesa. Al entrar todos ellos comienzan a sentarse con el Corán frente a ellos, mientras que el líder de la luz se sienta a la cabeza de la mesa.

Se escucha una voz en off que dice:

El profeta, la paz sea con él, dijo:

"Os **he dejado dos instrumentos** a los que si os aferráis *nunca* os desviaréis: El **Libro** de Alá y **mi Sunna**"

Luego, los que están sentados alrededor de la mesa se reparten y se van a las paredes del salón. Cada uno toma un libro, un cuaderno y un tintero y regresa a la mesa a leer y escribir.

La voz del grupo resuena en el salón:

Con el mensaje del cielo y los planes del islam difundimos la prosperidad, difundimos la paz.

Con conocimiento y fe protegemos a las naciones.

(Fundido a negro)

Segunda escena

El salón esta como en la primera escena y las luces permanecen igual, los libros están en las paredes como antes y el Corán también se eleva en la parte superior del salón.

La voz del grupo sigue resonando:

Con el mensaje del cielo y los planes del islam difundimos la prosperidad, difundimos la paz.

Con conocimiento y fe protegemos a las naciones.

Un hombre entra al salón empujando una mesa con ruedas en la que hay instrumental y productos químicos. Después de realizar algunos experimentos vistosos dice:

Soy **Jabir bin Hayyan Al-Azdi**, viví en Kufa desde el 103 AH hasta el 199 AH, lo que corresponde a 722 d. C hasta 815 d. C.

Me apodaron el padre de la química y con mi investigación desarrollé las ciencias químicas e inventé el primer dispositivo para el proceso de destilación en el mundo.

La voz del grupo sigue resonando:

Con el mensaje del cielo y los planes del islam difundimos la prosperidad, difundimos la paz.

Con conocimiento y fe protegemos a las naciones.

Un segundo hombre entra al salón empujando una mesa en la que hay instrumentos musicales, un laúd y una pluma de avestruz y dice:

Soy Yaqoub bin Ishaq al-Kindi, viví entre el 185 AH y el 260 AH correspondiente a 805 d. C a 873 d. C.

Soy matemático, físico, astrónomo, filósofo, médico, ingeniero, farmacéutico, químico y geógrafo.

Hay una ciencia de la que vosotros quizás no sepáis y de la que yo sé mucho, que es la ciencia de la música.

Fui el primero en idear una escala musical para la música árabe.

Tocaré algunas melodías para ustedes.

Luego sosteniendo el laúd comienza a rasgar con la pluma sus cuerdas y a cantar algunas melodías.

La voz del grupo sigue resonando:

Con el mensaje del cielo y los planes del islam

difundimos la prosperidad, difundimos la paz.

Con conocimiento y fe protegemos a las naciones.

Entonces entra un tercer hombre que sostiene entre sus manos instrumentos para medir las distancias entre las galaxias y dice:

Soy Al-Hassan bin Al-Haytham, viví desde el 353 AH hasta el 431 AH correspondiente al 965 d. C al 1040 d. C .

Soy un científico erudito en física óptica, astronomía, ingeniería, oftalmología y percepción visual, donde mis teorías han llevado a un cambio en los conceptos predominantes en óptica.

Fundé la ciencia de la luz. El concepto predominante era que un rayo de luz sale del ojo y cae sobre los cuerpos y gracias a eso podemos verlos.

Les dije: ¡¿Por qué ese rayo no sale en la oscuridad?!

Presento mi teoría, que dice así:

"Los rayos de luz caen sobre los cuerpos, se reflejan en el ojo y podemos verlos".

Después de eso los eruditos entran uno a uno, cargando las herramientas del conocimiento, y el grupo canta:

Con el mensaje del cielo y los planes del islam

difundimos la prosperidad, difundimos la paz.

Con conocimiento y fe protegemos a las naciones.

El cántico se repite, mientras que la voz en off menciona los nombres de los eruditos:

Muhammad Al-Khwarizmi,

Abu Bakr al-Razi,

Abu Nasr Al-Farabi,

Abu Al-Rayhan Al-Biruni.

(Fundido a negro)

Tercera escena

El salón se encuentra como en la segunda escena.

El líder de la luz se sienta a la mesa, vestido de blanco, y un grupo entra por el lado derecho del escenario que viene del este, con vestidos de volantes,

El jefe de la delegación del Este saluda al líder de la luz diciendo:

La paz sea con el líder de la luz.

(Una voz le devuelve el saludo de paz)

La delegación oriental canta diciendo:

Venimos de los países del Este con amor y lealtad.

Pedimos amor al mensaje del cielo.

Y con el canto, la delegación oriental realiza formaciones artísticas utilizando telas de colores.

Después de eso, otro grupo entra por el lado izquierdo del escenario. Viene del Oeste, con sus ropas occidentales y el jefe de la delegación occidental saluda al líder de la luz diciendo:

La paz sea con el líder de la luz.

(Una voz le devuelve el saludo de paz)

La delegación occidental canta la diciendo:

En occidente hemos vivido en la oscuridad de la ignorancia durante años.

Y a la fuente del conocimiento llegamos buscando pensamiento y conocimiento.

Durante el canto, la delegación occidental realiza sus bailes con su traje occidental.

Luego, las dos delegaciones se reúnen para formar un solo grupo, con un baile unificado, y cantan y repiten:

¡Oh, el castillo del islam! ¡Oh, el lugar de encuentro de la gente!

¡Oh, el oasis de prosperidad, seguridad y paz!

Danos la seguridad, el conocimiento y la fe.

(Fundido a negro)

Cuarta escena

El salón es el mismo que en la escena anterior.

Los hombres que estaban alrededor de la mesa, extienden las manos sobre la mesa apoyando la cabeza sobre ella, dormidos.

La luz que brilla sobre el Corán se ha apagado.

Luego, una voz en off recita:

Alá dijo:

"Después les sucedió una generación que abandono la oración y siguió las pasiones, pero ya encontraran la perdición".

Un grupo de personas entra al salón, con uniformes negros pegados al cuerpo. Solo se ven sus ojos y revolotean en todas direcciones como si fuesen cuervos, graznando como cuervos.

Se suben a la mesa y luego algunos se suben unos encima de otros hasta que uno de ellos llega al Corán que está colgado del techo, lo agarra y grita:

"¡Oh, señor de las tinieblas! Este es el libro de Alá, tómalo y juzga a través de él».

El señor de las tinieblas recibe el Corán y dice:

Primero, echad de este lugar a estos que dicen ser musulmanes.

Cada persona de las tinieblas saca a uno de los hombres iluminados fuera del salón y regresan a la mesa, en donde el señor de las tinieblas se ha sentado en la cabecera de la mesa, y le preguntan al líder de las tinieblas:

¿Cuál es tu decisión sobre los prisioneros que tenemos, oh, señor de las tinieblas?

Señor de las tinieblas: Los mataremos cortándoles la cabeza con un machete.

Varios de ellos salen y regresan, cada uno de ellos lleva delante de él a uno de los presos vestido de color naranja. Cada uno agarra del pelo al cautivo y comienza la matanza.

Sus voces se van elevando de alegría.

Alguien pregunta: ¿Qué hacemos con las mujeres cautivas, señor de las tinieblas?

Señor de las tinieblas: Traedlas.

Entra un grupo de mujeres, vestidas de negro.

Señor de las tinieblas: Cada uno de vosotros escogerá a una de ellas.

Cada una de las personas de las tinieblas ataca a una de las mujeres, las cuales empiezan a gritar:

Las personas de las tinieblas emiten ladridos de perro mientras persiguen a las mujeres.

¡Guau! ¡Guau! ¡Guau!

El negro de las personas de las tinieblas se mezcla con el color negro de los vestidos de las mujeres durante la persecución, los ladridos de perros continúan:

¡Guau! ¡Guau! ¡Guau!

Se escucha la voz del señor de las tinieblas:

¿Quién quiere algo mejor y más hermoso que eso?

Cuatro sirenas en el cielo.

Cuatro sirenas en el cielo.

Que cometa un atentado suicida y se convierta en un mártir.

Luego irá al cielo de la eternidad, en donde se encuentran las sirenas.

Se escuchan explosiones.

Se ve la luz de las detonaciones.

Las personas de las tinieblas cantan:

El Corán es nuestro y la religión es nuestra.

La sharía es nuestra ley y la ley es nuestra regla.

(Fundido a negro)

Quinta escena

La escena es la misma que en las escenas anteriores, pero está completamente oscura.

Las personas de las tinieblas, vestidas de negro, están situadas alrededor de la mesa,

Entran dos hombres vestidos de blanco y en el borde del escenario uno de ellos le dice al otro:

Primer hombre: No podremos eliminarlos ni con cañones ni con ametralladoras.

Segundo hombre: ¿Cómo nos desharemos de ellos?

Primer hombre: Con la luz podremos eliminarlos.

Segundo hombre: ¡Cómo!

Primer hombre: Hagamos que la luz inunde nuestras vidas.

Segundo hombre: Entonces comencemos...

Hombres vestidos de blanco entran al escenario con luces intermitentes en la cabeza y cantan:

¡Oh, Alá! ¡Forja dentro de mi corazón una luz!

Y en mi lengua forja una luz.

Y en mi oído forja una luz.

Haz de mi vista una luz.

Haz luz detrás de mí.

Hay una luz frente a mí.

Hay luz encima de mí.

Hay luz debajo de mí.

¡Oh, Alá! ¡Ilumíname!

Las personas de las tinieblas prestan atención a estos sonidos y luces.

Todo el escenario se ilumina.

Las personas de las tinieblas tratan de escapar pero los iluminados les persiguen para tomar el Corán de sus manos mientras se lo pasan entre ellos, hasta que cae en las manos del líder de la luz y lo levanta en alto,

Entonces las personas de las tinieblas caen al suelo.

El líder de la luz dice refiriéndose a los cadáveres de las personas de las tinieblas:

¡Saquen a esos malnacidos de aquí!

Los iluminados arrastran los cadáveres de las personas de las tinieblas mientras corean:

Alá es el más grande, Alá es el más grande. Alabanza a Alá.

Alá es el más grande, grande, alabado sea Alá.

Gloria a Dios todopoderoso día y noche.

No hay dios sino Alá. Prometió y cumplió su promesa, elevó el estatus de sus soldados y solo él derrotó a los coligados.

No hay más dios que Alá.

Se escucha una voz que recita:

Alá dijo:

"Y di: Ha venido la verdad y la falsedad se ha desvanecido. Es cierto que la falsedad se desvanece."

"Y con el Corán hacemos descender una cura y una misericordia para los creyentes, sin embargo los injustos no hacen sino aumentar su perdición."

En ese momento el Corán se eleva de nuevo a su lugar original suspendido del techo del escenario.

Y el grupo repite la Aya:

"Y di: Ha venido la verdad y la falsedad se ha desvanecido, es cierto que la falsedad se desvanece."

Entonces la voz de alguien dice:

Voz: Dejad que las mujeres participen con vosotros, dejad que las mujeres participen con vosotros…

Las mujeres intervienen, vistiendo ropas blancas con velo. Sostienen una capucha blanca por sus bordes, como si fuesen las alas de una mariposa y devuelven los libros a los estantes.

Y todos cantan y repiten:

Con el mensaje del cielo y los planes del islam difundimos la prosperidad, difundimos la paz.

Con conocimiento y fe protegemos a las naciones.

Telón

Fin

www.ingramcontent.com/pod-product-compliance
Ingram Content Group UK Ltd.
Pitfield, Milton Keynes, MK11 3LW, UK
UKHW021958190726
13853UKWH00004B/1612

9 789948 469254